KODANSHA

にゃんだか
心に響くことば

講談社／編

寝る子は育つ

よく寝る子は、すくすく育つ。

七転び八起き

何度失敗してもめげないで、
勇気を奮い起こして立ち直ること。

怖いもの見たさ

恐怖心を煽るものは、好奇心がそそられる。
興味本位で見たくなるさま。

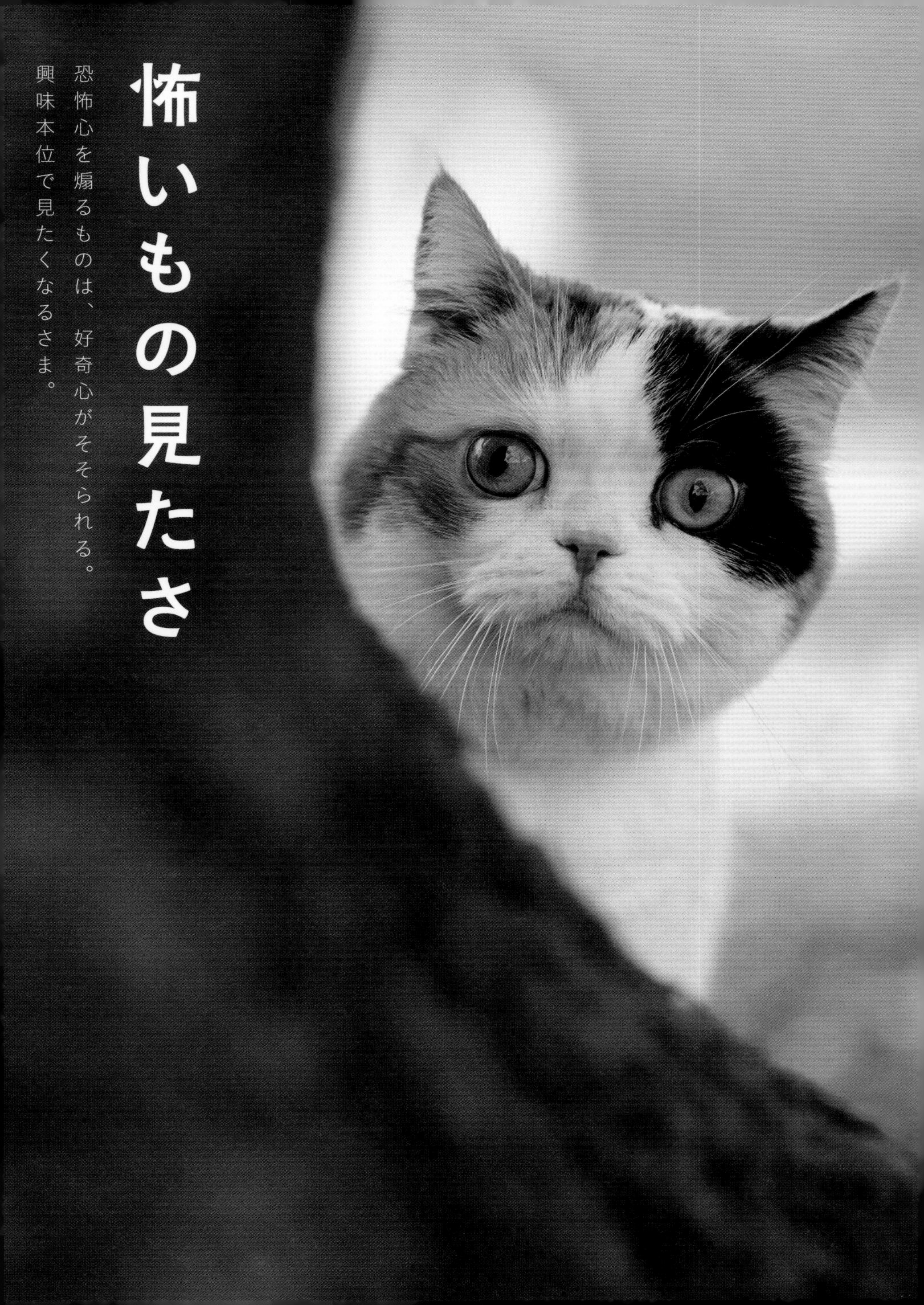

壁に耳あり
障子に目あり

隠し事をしようとしても、
どこで誰が見たり聞いたりしているかわからない。
秘密はもれやすいというたとえ。

快《かい》哉《さい》を叫ぶ

気持ちが良くなる出来事に思わず歓声をあげること。

親の心子知らず

親の想いや気持ちは子どもに通じにくく、子どもは勝手な振る舞いをするものである。

長口上は欠伸《あくび》の種

長たらしいあいさつは、
人を退屈させてあくびを出させるだけである。

頭隠して尻隠さず

悪いことや欠点を本人は全部隠したつもりでいるが、一部分しか隠せていない。

無知と無関心はとても柔らかい枕である

無知で無関心なのは、ある意味幸せである。
知らぬが仏。

飛ぶ鳥を落とす勢い

勢いが非常に盛んなようす。
権力・威力などが血気盛んである。

息を呑む

驚いて思わず息を止めること。

人は見たいものしか見ない、人は自分の望むものを信じたがる

ユリウス・カエサル（古代ローマ／紀元前100年頃～紀元前44年）
政務官、文筆家

河童の川流れ

どんなに名人でも時には思いがけないことで
失敗することがある。

甘い汁を吸う

苦労をしないで、人を利用して利益を得る。

女には好きに使えるお金と部屋が必要

ヴァージニア・ウルフ（イギリス／１８８２〜１９４１年）
小説家、評論家

時は金なり

時間は金銭と同じ大切なものだから、無駄にしてはいけない。

塩を売っても手を嘗《な》める

塩を売る商人が、手についた塩も無駄にしないよう嘗めることから、少しでも無駄のないように気をつけること。

また、つまらないことに気を使ってけちけちしていること。

口八丁手八丁

話すこともすることも達者なこと。

阿吽の呼吸
二人以上で行動するときの、
それぞれの微妙な気持ちや調子。
また、それが一致すること。

転ばぬ先の杖

前もって準備しておけば、
いざというときに失敗することはない。

鵜の目鷹の目

少しのことでも見落とさないよう、
鵜や鷹が獲物を捕らえるときのように
集中して探すこと。

声なくして人を呼ぶ

声に出して呼び集めなくても、徳のある人のところには
自然と人が集まってくる。

骨折り損のくたびれ儲け

苦労したわりには利益があがらず、疲労だけが残る。無駄な努力。

柔能《よ》く剛を制す

しなやかな者が、強い者の鋒先をそらして、
最後には勝つ。

憎まれっ子世にはばかる

子どもの頃にみんなから嫌われても、世間に出ると幅を利かせているものだ。

豚もおだてりゃ木に登る

それほど能力が高くない者でも、周りからおだてられると気をよくして
能力以上のことをやってのける。

三人寄れば文殊の知恵

凡人であっても三人が集まって相談すれば、
よい知恵が浮かんでくるものだ。

後は野となれ山となれ

後がどうなろうと、今をやり過ごせればどうだっていい。

果報は寝て待て

幸運は、自分の力ではどうにもならないから、
あせらずに向こうからやってくるのを待つのがよい。

乙に絡む

普段と違って、
しつこく嫌味を言うこと。

隣の芝生は青い

人のものは、自分のものより良く見えるものである。

蛙の子は蛙

子どもの性格や能力は
親に似ていたり、
親のたどった道を歩むものである。

去る者は追わず

自分のもとから離れていく者を
決して引き止めない。

毎日を生きよ　あなたの人生が
始まった時のように

ゲーテ（ドイツ／１７４９〜１８３２年）
詩人、小説家、劇作家

すべての本は、
束の間の本と
生涯の本の
二種類に分けられる

ジョン・ラスキン（イギリス／1819～1900年）
評論家、美術評論家

注意一秒、怪我一生

一瞬の注意を怠ると、大けがや大事故を起こしかねない。

竹《ちく》馬《ば》の友

幼いころに、共に遊んだ親しい友人。幼なじみ。

人事を尽くして天命を待つ

できることをすべてやったうえで、あとは運命に任せること。

籠の中の鳥

籠に捕らわれた鳥のように、
自由にならない、束縛されていること。

藪から棒

藪の中からいきなり
棒を突き出されるように、
言動が思いがけないこと。

外交とは威厳をもって嘘をつくことだ

オリヴァー・ハーフォード（アメリカ／1863〜1935年）
作家、芸術家、イラストレーター

律儀者の子沢山

まじめな人は外で遊ぶこともなく、家庭円満で夫婦仲もよいから子どもがたくさんできるというたとえ。

雪は豊年の瑞《しるし》

雪が多く降るのは、
その年が豊作になる前兆である。

急がば回れ

危険な近道より、遠くなったとしても
安全な道を選ぶべき。

木を隠すなら森の中

ものを隠すなら、同じものがたくさんあるところに
紛れ込ませるのがよい。

天高く馬肥ゆる秋

秋は空が澄んで晴れ、気候が良いため馬がよく肥る。収穫の秋を表すたとえ。

雨降って地固まる

もめごとなどが起こった後は、前よりも結束が強まり、よりよい状態になる。

仏の顔も三度まで

どんなに温和な人でも、失礼なことを繰り返されると怒ってしまうというたとえ。

雀百まで踊り忘れず

雀は死ぬまで飛び跳ねる習性があるように、
幼い頃に身に付いた癖や習性は年をとっても抜けないのだ。

匙《さじ》を投げる

医者が手の施しようがないと病人を見放す。
また、見込みがないとあきらめ、手を引く。

窮《きゅう》鼠《そ》猫を噛む

窮地に追いつめられると、弱者であっても強い者を打ち破る。

人と一緒にいる時が
最も孤独な時だ

キケロ（古代ローマ／紀元前106～紀元前43年）
政治家、文筆家、哲学者

いつか空の飛び方を知りたいと思っている者は、
まず立ちあがり、歩き、走り、登り、
踊ることを学ばなければならない。
その過程を飛ばして、飛ぶことはできないのだ

フリードリヒ・ニーチェ
（ドイツ／1844〜1900年）
哲学者、思想家、古典文献学者

目は口ほどに物を言う

相手を思う目つきは、
言葉で話す以上に思いを伝える。

負けるが勝ち

無意味に争うよりも、相手に勝利を譲ったほうが
結局は自分に有利になる。

笑う門には福来る

楽しそうにしている人の家には、
自然と幸せがやってくる。

子の心親知らず

子どもが何を考えているのか本当の心を、
親は知らない。

我々はみな
真理のために闘っている
だから孤独なのだ寂しいのだ
しかし、だから強くなれるのだ

ヘンリック・イプセン（ノルウェー／1828〜1906年）
劇作家、詩人、舞台監督

明日は明日の風が吹く

明日のことを心配しても始まらないため、成り行きに身を任せるほうがよい。

縁の下の力持ち

他人のために陰で苦労や努力をする人。

我が家に勝る所無し

自分の家が一番くつろげる場所である。

魚の木に
登るが如し

魚が木に登るような、
できないことに
挑戦しようとすること。

昨日の敵は今日の友

昨日まで敵だった者同士でも、今日は味方になっている。人の心とはうつろいやすいものだというたとえ。

知る者は言わず言う者は知らず

物事をよく知っている人は、やたらに口に出さないが、よく知らない人ほどかえってよくしゃべる。

良薬は口に苦し

よく効く薬は苦くて飲みにくい。
自分のために注意してくれていても、非難されているようで
素直に聞くことはできない。

人こそ人の鏡

他人は自分を映す鏡のようなものだから、
他人の言動を自分を見つめ直す手本にせよ。

愛嬌というのはね
自分より強いものを倒す
柔らかい武器だよ

夏目漱石
（日本／1867〜1916年）
教師、小説家、
評論家、俳人

どんぐりの背比べ

どんぐりのようにどれも同じような大きさで、
ぱっとしない者同士では甲乙つけがたい。

見ることは信じること

話を聞くだけでは信じられないものも、実際に自分の目で見れば信じることができる。
何事も実際に経験することが大事だ。

渇しても盗泉の水を飲まず

いくら困っていても、不正や不義にはいっさい関わるべきではないこと。

愛はお互いを
見つめ合うことではなく
ともに同じ方向を
見つめることである

サン＝テグジュペリ（フランス／1900～1944年）
小説家、飛行家

石の上にも三年

石の上でも三年座っていれば温まってくる。
辛いことであっても、辛抱していればやがて報われることのたとえ。

思ひつつ　寝《ぬ》ればや人の
見えつらむ　夢と知りせば
覚めざらましを

小野小町（日本／生没年不詳）
歌人

寸を曲げて尺を伸ぶ

一寸の物を短く曲げ縮め、一尺の物をより長く伸ばす意味から、小さいことを捨て、大きな利益をつかむたとえ。

住めば都

どのような環境でも、実際に住んでみると
居心地がよく思われてくる。

高みの見物

第三者の立場から、そのなりゆきを傍観すること。

苦しい時の神頼み

普段は信仰心を持たない人でも、
どうにもならなくなると神仏にすがって、助けを求める。
転じて、いつもは知らぬ顔をしながら、
苦しい時だけ人に助けを求めること。

かわいい子には
旅をさせよ
子どもがかわいいと思うなら、甘やかすことはせず、
世の中のつらさを経験させることが大切だ。

春眠　暁を覚えず
春の夜は眠り心地がよく、朝に気づかず寝過ごしてしまうものだ。

人を見たら泥棒と思え

軽はずみに人を信用してはいけない。
知らない人のことは疑ってかかるべき。

起きて半畳寝て一畳

どれだけ大きな家に住んでいても、人ひとりが占める広さは、
起きているときは半畳、寝るときも一畳あれば十分。
必要以上の豊かさを望んでも仕方がないというたとえ。

渡りに船

困っているときに、必要なものが揃ったり、助けになる人が現れたりすること。

短気は損気

短気を起こすと、結局は損をすることになる。

疑心暗鬼を生ず

疑う心があると、何でもないことも疑わしく恐ろしく感じてしまう。

三つ子の魂百まで

人格や性質は三歳頃までに形成され、
百歳になっても変わらない。

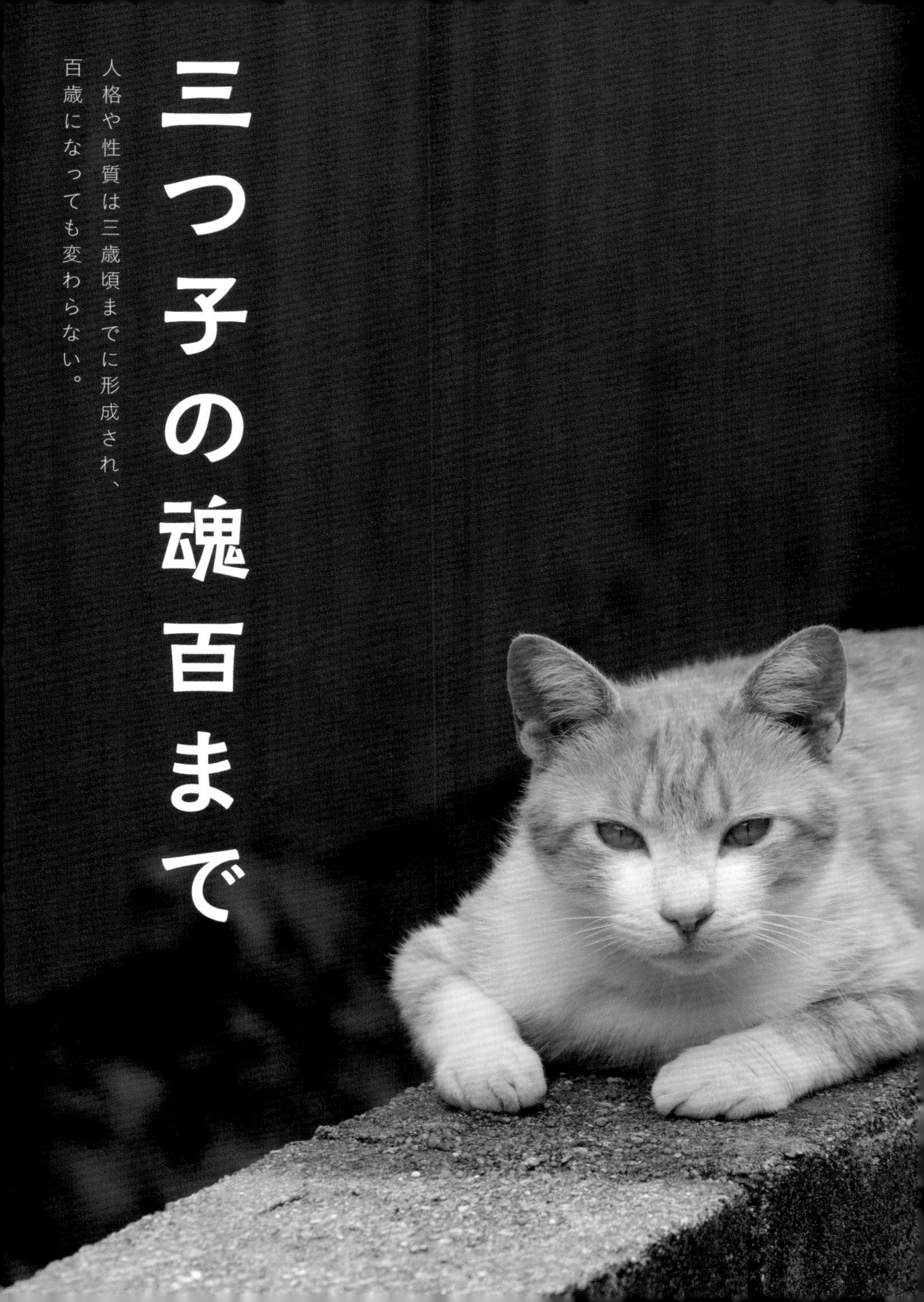

忍耐もまた行動のひとつの形だ

オーギュスト・ロダン
（フランス／1840〜1917年）
彫刻家

いざ鎌倉

大変なことが起こった。すぐ行動を起こすべき時だ。

花より団子

見た目や品位、風流などを楽しむよりも、実利を重視すること。

光陰矢の如し

月日が経つのは矢のように早いたとえ。

いま以上の何か、
ここではないどこかにある幸せ、
それを追い求めても、それは蜃気楼です。
近づけば近づくほど、遠のいていきます。
いまここにあるもの、それに満足することが
幸せなのです

マハトマ・ガンディー
（インド／1869〜1948年）
宗教家、政治指導者

アートディレクション
宇田隼人
（ダイアートプランニング）

編集
田神健一

写真提供
アフロ
©Alamy Stock Photo/amanaimages
©MASAFUMI KIMURA/orion/amanaimages
©Cyril Ruoso / Minden Pictures/amanaimages
©Konrad Wothe / Minden Pictures/amanaimages
©juno_fort/amanaimages
©Dieter Schewig/Westend61/amanaimages
©LOTUS/a.collectionRF/amanaimages
©officek/amanaimages
©officek/a.collectionRF/amanaimages
©Yusuke Okada/a.collectionRF/amanaimages
©PHOTOLIFE/amanaimages
©GYRO_PHOTOGRAPHY/amanaimages
©Nature Picture Library/Nature Production/amanaimages
©YUJIRO NAKAMURA/amanaimages
©Daniel Heuclin/Nature Production/amanaimages

にゃんだか 心《こころ》に響《ひび》くことば

2023年7月21日　第1刷発行
講談社《こうだんしゃ》／編

発行者　森田浩章
発行所　株式会社講談社
〒112-8001　東京都文京区音羽2-12-21
電話
編集　03-5395-3474
販売　03-5395-3608
業務　03-5395-3615
（落丁本・乱丁本はこちらへ）

印刷所　図書印刷株式会社
製本所　大口製本印刷株式会社

KODANSHA

2023, Printed in Japan ISBN 978-4-06-531896-6
N.D.C.778 127p 20cm